D0588806

PAPILLONS RÉFRACTAIRES

Les Écrits des Forges
ont été cofondés par Gatien Lapointe
en 1971 avec la collaboration de
l'Université du Québec à Trois-Rivières.

La SODEC (Société de développement des entreprises culturelles) et le Conseil des Arts du Canada ont aidé à la publication de cet ouvrage.

Le Conseil des Arts | The Canada Council
du Canada | for the arts
depuis 1957 | since 1957

Canada

« Nous reconnaissons l'aide financière du gouvernement du Canada par l'entremise du Programme d'Aide au Développement de l'Industrie de l'Édition (PADIÉ) pour nos activités d'édition ».

Photographie de couverture : Charles Tyler

Photographie de l'auteur : Martin Rondeau

Distribution au Québec

En librairie :
Diffusion Prologue
1650, boul. Lionel Bertrand, Boisbriand, J7E 4H4
Téléphone: (514) 434-0306 / 1-800-363-2864
Télécopieur: (514) 434-2627 / 1-800-361-8088

Autres :
Diffusion Collective Radisson
1497, Laviolette, C.P. 335
Trois-Rivières, G9A 5G4
Téléphone : (819) 379-9813 – Télécopieur : (819) 376-0774
Courrier électronique : ecrits.desforges@aiqnet.com

Distribution en Europe

Denis Boutillot
15/21 Cornet, 93500 Pantin / France
Téléphone : 48.10.05.63 – Télécopieur : 49.42.19.38
Courrier électronique : ecrits@club-internet.fr

Écrits des Forges : 2 - 89046 - 518 - 7

Dépôt légal / Premier trimestre 1999
BNQ ET BNC

JEAN-ÉRIC
RIOPEL

PAPILLONS
RÉFRACTAIRES

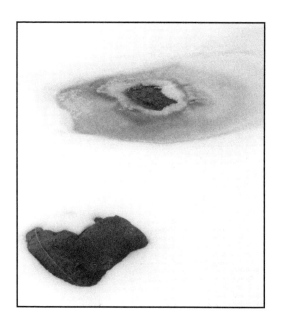

Écrits des Forges
C.P. 335, Trois-Rivières, Québec, Canada G9A 5G4

DU MÊME AUTEUR

Dix petites choses à emporter avec soi en cas de fin du monde, Beauté farouche, 1998

Que naisse à ta pointure
plus parfait silence que la neige

franchir le guet

tes yeux
dans mes mains
comme un long paysage
du monde à défaire

ta bouche
chaude
comme une parole
dans la sève de l'arbre

la ville étendue
à mes pieds
comme une robe sèche
je regarde partir et arriver
les avions pour moi-même

toi que j'espère dans l'autre pièce
je vais là
où s'encaissent les montagnes

bien sûr
moi mon désert
c'est ta peau que je traverse

je guette le vol des outardes
qu'il faut saisir
par en dessous
du temps qui passe
à l'aller au retour
j'emporte les cris
dans ma dérive
inquiète ou sereine

m'arrêtent immobiles
les têtes de sapins
dressées sombres dans le ciel
comme des pagodes
devant l'aube rose

une certaine lumière
l'immanence
un roseau à dénouer
au creux de la main

tu conduis machinalement
à travers les champs nus de novembre
la route se découvre à mesure
que tu t'enfonces dans la brume
cela semble en toi

cela semble en toi

mains ouvertes
la ville scintille
dans l'étalement de verre brisé
mille petites cassures
veines offertes à ma nuit
voulez-vous m'aimer

2

orgueil vivre
jeter le coup d'œil
à la voisine qui sort
sans plus
guetter les nuits
les éveils
rare acuité
rendre dur le sombre
léger l'ouvert
croire à la génuflexion des ombres
sur les murs de briques

brûler les cinémas du quartier
pour de vrai
prendre une image
poser une main sur la pierre
la pierre sur les lèvres
les lèvres à la bouche
poser la bouche sur l'image
l'habiter en secret
rendre dur l'arôme
lécher l'ouvert
croire à la génuflexion des ombres
sur les murs de briques

rare éclipse

japonaise d'hier
plus belle qu'internet

lèvres perdues
derrière l'alcool

cette conversation
sur les chemins de l'éternité
où j'étais perdant sur toute la ligne

ondoiement
dans le rêve fou de l'aquarium
les poissons dansent dans tes cheveux noirs
vives taches de lumière
lèvres qui perdurent

parfum de mémoire
ton nom doux d'oiseau
yoriko — qui se dépose

avec ta voix

orages tes yeux
dis-moi
la fleur à rescaper
dans le vif des blessures
du calcium
baume qui brûle
nos carcasses de tôles
alitées au centre d'achats
nous avons oublié nos promesses
nous n'en ferons plus

dirons-nous la distance
des rues qui s'éloignent
des métros des autobus
en rafales
à travers nos vies

le sommier craque
ton corps est inutile
devant le givre
tu ne sais plus dire
sur quoi tes mains comptaient

seul sous zéro
animal mémorable
échoué las d'être

attendre

nous sommes des oiseaux
aux couleurs ternes

il y a du métal dans ta bouche
des mots qui se scindent au souffle du froid
qui tombent lentement contre la vitre
tout reste à la surface
embuée
une grêle d'os aux revers de nos silences

ensemble
au bout des mots
à chercher
dans l'hymen déchiré de la nuit

il y a dans nos corps d'occasion
une pierre fossilisée
des sillons se creusent dans nos mains
le sang retombe continuellement dedans
nous sommes pris avec
des gestes tellement anciens

jeune fille
odeur d'orage
maquis de ma bouche

jeune fille
pointe d'enclume sauvage
rosée d'aurore à mes yeux

brisure d'airain

rideau

va pour la lumière de la nuit
en course
et ton ongle incarnat sur mes paupières
que ce pressant asile repose
que ferons-nous lorsque tout se sera épuisé
que nos bouches seront des portes closes
et que nos cœurs frapperont en vain ?

maintes nuits pourriront dans
nos jours   nos mains   nos os

flore à blanc d'essaim

un tesson d'amour m'égoïne le cœur
c'est rendu que je braille dans le
silence   – c'est une écœuranterie de
bonheur acidulé une débauche
térébrante d'essence –   cette
chanson qui m'apeure au soir   tu
me coûtes l'effluence du sang

les trois premiers mots qui montent
l'escalier d'un empire   et déjà
mon ombre se tord sous les tenailles

les frissons m'emplissent et me
décapent jusqu'à l'aube (je veux
prendre la fin du monde dans tes
bras)   une perdrix détale et
s'embrase dans   les branches
forestières   ma
gorge agrippée   s'émotte de respirs
          un telle densité d'émeutes
garroche mon pouls à travers mon
corps   qui n'en veut plus
de vouloir s'en sortir

la douleur pèse et vient lécher
nos épaules en croix suantes
adossées à l'instant   quand je
t'échappe
          obole murmurante
cinq doigts se croisent à ta main
deux fois   se déterre une fissure
dans l'échalassement sous la peau
          l'onction des phalanges
une sensation épure l'or surchargé
          cinq cent frissons
          grattent tes omoplates
le   travail   des   paumes   sous
le   dégorgement   de   tes   seins
          en prière
l'eau de tes yeux se marie à ma
bouche avide   épouse et recule
d'un autre jour le renoncement

aussi nous oublions le vertige des
caresses remontant nos veines
comme des truites migratoires allant
s'électrocuter au pied des falaises
magnétiques   drapées de béton

quand tes bras se délient dans l'o-
rage et que grondent les voix
soulevées par le vent qui mitraille
les feuilles tremblantes au bout des
écorces inlassablement et le
foutre blanc des étoiles claque et
ouvre le sillon des braises dans le
sol enraciné par la frousse des
arbres

je m'étrangle dans la fureur de mes
mains pleines de mots où tu croules
entre les ongles d'une rivière
lointaine   débordement
chimérique d'ovaires   la
fougue abrille la joie des fleurs qui
balancent ténues parmi le flot
venteux

beauté tu essouffles ce bégaiement d'oies
sur le front blanchi des eaux troubles
      laisse-moi   encore une fois
me pencher à ta surface   revoir
notre ombre disparaître

ce soir tu me coûtes l'effluence du
sang   qui comme le ciel chavire
dans la fenêtre
              qui quand tu la délaisses
et détaches tes ailes ouvertes
              et que je ne sais plus où
je me débraille en silence à te plaire
              et que je te cherche
un tesson d'amour m'égoïne le cœur
ce soir tu me coûtes l'effluence du
sang

rivés dans le mur

Et vous,
        héroïnomanes
de la dernière chance
quelle étrange apocalypse
demeure dans votre être
âmes en transhumance
à pâtir de la beauté
quand elle vous est
à souffrir du vide
quand il vous plein
rien rendre raison
passagers du corps
qu'en est-il cloître au matin
pareille vaisselle fragile
lancée dans la fulgurance
des murs nus
au désordre de l'estomac
des nœuds   peut-être l'amour
de papillons réfractaires
grillés par la nuit

Saisi par un ongle de lumière
qui te retourne
tu es seul
                    milieu
du chemin
par où la voix passe

Pas plus capable qu'un autre

Pâlissure du ciel qui use ses couteaux / les yeux se retournent dans leur braise / plaques d'aubes bleuies / le matin tremble dans son feuillage / de la brume dans les rues désertes / le corps idyllique grésille en lentes décoctions d'âmes qui suintent dans les charpentes / la nuit s'extirpe difficilement des membres / la clarté rend dérisoires les ampoules allumées qui dévident les pièces / le sang s'étire en vain dans les couloirs de résistances / d'où vient ce bruit / la musique qui bat / une éraflure sur ta joue / l'oreille posée sur la pelouse / que tu sens à travers les vitres / si tu t'y couches

Tu débouches en pleine salle de bains / qui débouche sur une autre salle de bains / mais les miroirs / des miroirs se renversent / tu ne sais plus où tu es / les murs te pressent contre eux / pieds nus sur la céramique froide / dans tes pieds le froid / que tu cognes / te cognes partout / qui fait qu'il neige / des poudres nocives de détergent volent aux éclats sur les carrelages / remplissent les craquelures entre les tuiles / les granules déteignent par terre / tu te cognes à la porcelaine froide du bain qui s'ouvre mais l'insupportable crudité de l'éclairage / la violence d'un néon pour le visage / font que tu te cognes dans le miroir / les murs s'ouvrent en coupe / leur nudité offerte à tes mains que des morceaux rescapent / les fils électriques à découvert dans le bois charcuté / le risque effleure les parois humides / à la limite de l'ossature le voltage puissant qui tressaille / ta salive s'y mêle / du même courant de froid qui cogne dans tes pieds / les fils courent le long des 2x4 et vont se perdre dans le plancher le plafond / c'est trop de puissance pour ce qu'ils peuvent prendre / une écharde dans le muscle / muselle tes forces comme des chiens qui aboient aux extrémités de chaque doigt / de chaque jour qui t'entaille / à se tenir à la limite des couloirs des escaliers / au dos d'une lame de rasoir / tu presses tes mains dans la faille / sous la pression tu sens ton sang sur la ligne des murs / sur l'arête / tu sens le métal qui pulse au bout de tes doigts / tu touches le métal qui saille sur le coin découvert où le plâtre déguerpit / tu pinces l'arête de métal où le joint pourtant avait été (bien) tiré d'une ligne parfaite / tu plaques tes paumes sensibles en équerre et tes jointures se bombent / une bulle d'air oscille et se place au niveau / tu sens palper les fibres rugueuses les lignages du 2x4 du 220 / comprendre ce qu'est un muscle à la douleur qui le contracte / un rire fuse d'une pièce lointaine / un fond de musique / comme l'amitié de loin en loin / ne rien répondre et prendre l'air par où le feu creuse / l'inhabitable / le revêtement dur et moite / comprendre que les pores ruissellent dans l'entier / une moue convulsive / ni beauté ni bien / le plein instant qui se tord qui se déhanche comme une femme nue en chaleur sur tes lèvres fendillées au sang de plaisir / le sourire comme un masque / entre le pouce et l'index roule une brindille qui frôle les narines / tu frémis d'ex- tase / et suis ta chute / de couloir en couloir / tu traces

Les mains débouclent les ceintures / cherchent dans le noir l'interrupteur / il y a de la vitre au sol / des vêtements désâmés / le dur contact des meubles en bois / de la commode qui grince / elle cherche ses petites culottes / voir quoi faire quand elle les enlève

Je caresse les murs durcis de gyproc comme un étalement de sang séché / voilà l'ampoule brûlée / noircie la dernière image que j'emporte / c'est quand tu te penches vers moi les doigts tendus de fleurs et d'outils / et que tu dévisses mes globes oculaires pour les remplacer par des neufs / qui frissonnent dans tes fentes comme des jouissures / du jus d'entre-jambes / mais je ne comprends plus rien complètement dessaisi par l'étau / qu'un autre visse plus fort / d'un frisson plus dur / mais ce n'est pas moi / mais ce n'est pas moi / tremble soupape mon cœur mord / au cœur de la pêche mordue dans l'éclaboussure la pulpe du fruit jusqu'à l'os / jusqu'à l'os / qu'il faut sortir / avec ta langue / vas-y / cloue-moi

Comme cet amour est grave / quand tu respires ainsi / que ton souffle s'agenouille / pourlèche les muqueuses ensablées / que tu t'assèches sur moi / comme nous aimons notre plaisir / vautrés dans la posture de l'ange qui a cessé de lutter / à bout du désir / la fleur fauchée sur le dos / par l'instant / l'éclosion / corolles déliées dans nos bouches pour elles seules / notre pauvre amour étalé sur les draps / dans la cloison des sangs / je vois des gestes qui partent / qui vacillent / et qui n'atteignent jamais leur but / pourtant / nos peaux hérissées se touchent et nos bouches mouillent ce qu'il y a de duvet au vent / tes cils au flanc et à la flamme dans l'iris / la combustion de nos rêves écervelés / par en dedans d'habitude / nos corps restent clos sur le sol

Le plaisir s'ébruite comme une rumeur qui ne veut plus rien dire / rongés les os usés qui craquent comme des allumettes / la vanité du monde lorsqu'il repose en équilibre sur une corniche de cristal / et toi dessus qui rentres tes ecchymoses sous ta carapace / le verbiage des heures qui partent en traînées de poudre quand tu y mets le feu / l'argent qui brûle dans ta gorge / l'ogre te bouffe le cœur / dans ton sillage l'ombre se creuse / tu ne rêves même plus de partir / tu ne veux nulle

part / ce soleil s'incruste / les angoisses évidemment qui guerroient ton plaisir / c'est le prix pour boucher tes blessures / dans le gravier et la poussière / ta gloire est misérable / toujours à reconquérir / tu n'oses plus

Le matin cogne de plein fouet sur ta tasse blanche / tu es devant un café brûlant / la terre n'y tient plus / tellement le matin tremble dans ta main / tes doigts pulvérisent la cendre / pourtant / un grand calme intérieur ravagé d'étoiles / tombées les unes après les autres dans la plaie dure de tes cicatrices / se recousent parfaitement dans l'encoignure de la porte / tu dois travailler et tes nerfs te triturent / rament serrés / ta joue perce sur l'oreiller cette gouttelette de rosée / tu plaques tes mains contre la lumière / le matin t'aveugle comme une eau se retirant de la baignoire / en plein dans l'engloutissement du remous / tes oripeaux rapetissent éparpillés sur le sol

Tu te regardes vivre comme une chose qui t'est étrangère / la vie qui prend le bord / qui prend exactement la place vide dans tes yeux / qu'elle est belle cette charogne qui te sourit / tu lui portes chance / tu te fixes au plaisir qui n'a plus de sens / tu essaies de décrisper ta main de sur les pétales et sa joue bleue à peine l'amour ne veut plus rien dire pour toi les caresses des sexes sous la carcasse / cela aussi est à perdre / tu le sais

Tu as tellement voulu être authentique serait-ce ce rien que d'y parvenir / cet à peine franchi du quotidien / et tu t'arrachais les ongles à faire le vide / au diable la tendresse la dernière dose dans tes entrailles / vide fait tu t'en fous de la morale / ta gueule qui se crampe à son os / ce que tu veux c'est la fin de l'histoire / si près du commencement / si près de l'amour / à deux doigts d'éclater n'importe où dans sa gueule / la chienne / n'importe où / tant cette indifférence cache de douleur / mais tu l'as voulue telle que tu t'y vautres / heureusement / ta perte sera à ta mesure / la souffrance s'éclipse par où le manque jaillit / tu te fous de revoir le jour tout ce que tu retiens se désespère

Tu ne t'es pas encore couché et tu dois te lever de ta chaise pour aller travailler / pourtant plus aucune réalité ne te pèse moins que celle-là / tu repars mettre tes bras autour de ce corps chaud que tu partages / fulgurantes comètes en perte d'horizon / vous êtes tout contre le malléable / le jour sépare ses couleurs / le vide reprend place à quatre pattes / que ferez-vous du matin / à ne pas faire l'amour / à ne pas dormir / à ne rien dire / que ferez-vous de vos restes à endurer ?

des pages à retourner

main gantée de sommeil

j'ai vu ton visage rouler
se repaître sur mon épaule
à l'ombre des rêves
la ville disparue sur ton visage
en mille lignes fuyantes
de fin du monde
ô toi l'ouvreuse de cachots
l'architecture de mes jours
éprise de carrefours tendres

un chuchotement monte du calorifère
avec tes chats jaloux qui rôdent autour du lit
la géométrie compliquée de leurs pas
leur vagabondage excessif à travers l'appartement
parfois un miaulement une prise de bec
l'ébruitement des objets écartés de la patte

mon crayon ton briquet
qu'ils font tomber de la petite table
à tout propos dirais-je
pour éclipser notre contact
ouvrir une brèche stratégique
une diversion à la chaleur
quel traquenard silencieux
que des îles se frôlent

l'ici-là qu'un voile recouvre
à l'abandon de ma nuit
je veille le mort enterré sous moi
la clef des champs retrouvée
dans la proximité des détours
l'enfance des joies

la chatte qui finalement s'étire
vient s'étendre à mes pieds
ne me laisse pas d'autres choix
que de me blottir à mon tour

paysage de la désolation

une grande frayeur
marche sur la glace du lac
à coups sourds
les géants s'effondrent
à chaque seconde
la forêt craque de partout
des branches éclatent au sol

les fils électriques pendent
et rasent comme des vautours
surchargés
par le vent et le verglas

les transformateurs sautent en chaîne
et créent des aurores boréales
dans la nuit privée d'électricité

écrasante beauté du givre
qui pétrifie la forêt
ta magie détonne

les sapins revirés palmiers
les érables édentés comme des crucifix
les haies aplaties dans le sang noir de l'ombre
arbres rigides fauchés
arbres flexibles qui rendent grâce jusqu'à terre
    en arc de cercle
des maisons longtemps cachées apparaissent
    derrière un bois décimé

forêts naines
épouvantails des champs
paysage de la désolation
qu'en sera-t-il des bourgeons du printemps ?

dans ma cour
la nuque des grands arbres
est brisée

le ciel émonde
un coin de terre
dans mon cœur

abonnés du silence

cet appartement ce paysage cette ville
tout est trop grand
pour rendre ma solitude habitable
l'absence se fait sentir
approchant l'insupportable

améthyste douleur

Qu'as-tu fait croître en toi
pour que l'existence
ne puisse plus te contenir ?
Cioran

À la somme
du bilan
une ligne
    à tracer
qui divise
et fractionne
    l'indescriptible horizon de l'être
ce refus de mendier
    à la porte de l'espérance
de parfaire ce qui se donne
si bien que parfois en trop
    la beauté use le ciel

Ce départ à prévoir
tout juste pathétique
    qui force à aller
au creux de l'irrémédiable
    en soi
ce chemin
    que je *déserre*
d'une ruine à l'autre
    jusqu'au dernier retranchement

interstice désir

Monde irrémédiable désert
Saint-Denys Garneau

Je suis debout
accoudé à la dernière barrière de l'être
Roland Giguère

I

    Qu'est-ce que cette souffrance
qui se déchaîne à travers moi
    hurle
sans trouver d'apaisement

    Bien des pluies pourtant
m'ont soulevé dans leurs bras
au matin blême
comme des rues délavées
    et des soleils tout autant
m'ont couché paisible sur l'herbe
à côté des grillons
en riant

    Mais l'humble fête
des jours que le soir efface
ce n'est pas ça
    seulement
qui m'embête

II

Ainsi en est-ce fini
de mon parcours sur terre
        O
    quelle étrange étoile
tombe au fond du corps

    Cette folle équation
qui fait sourire
        peut-être ne faut-il
plus l'accepter
        cet encore
de récits lacunaires
        en souvenir de quoi ?

III

L'inoxydable blessure
appuie sa lame de fond
blanche fleur au ventre
    et tâte le pouls
à la carence de lumière

J'ai perdu la foudre
parce que je n'ai plus l'amour

TABLE

Cet ouvrage, composé en Bodoni corps 12

sous la direction de

Louise Blouin et Bernard Pozier,

a été achevé d'imprimer pour le compte de l'éditeur

Écrits des Forges, en mars 1999

sous la supervision de

1497 Laviolette, Trois-Rivières, Québec, Canada

tél. : 1.819.376.0532
téléc. : 1.819.376.0774
internet : ecrits.desforges@aiqnet.com

Imprimé au Québec

Québec, Canada
1999